Werner Holzwarth   Henning Löhlein

Kleeorg und Kleeopatra

Eine Geschichte vom Glück

Lektorat: Thomas Minssen
Grafische Gestaltung: Antje Holzwarth

Lithografie: Photolitho AG, Gossau/Zürich
Druck: Medialis, Berlin
ISBN 978-3-905871-24-1
www.bajazzoverlag.ch

Werner Holzwarth (Text) Henning Löhlein (Illustration)

Kleeorg und Kleeopatra

Eine Geschichte vom Glück

BAJAZZOVERLAG

„Eins ... zwei ... drei ... und da, noch eins! VIER!!! Es ist vierblättrig! Kleeorg, sieh nur! Unser Kleines hat vier Blätter!“, jubelte Kleeopatra.

„Vierblättrige bringen Glück“, antwortete Kleeorg, ihr Gatte.

„Papperlapapp“,

zischte es da von links, wo Kleeberhard, der dicke, alte Miesepeter, seinen Platz hatte.

„Klee ist Klee! Ob drei oder vier Blätter, da gibt es keinen Unterschied!“

„Doch, Vierblättrige sind immer Glücksbringer“,

erwiderte Kleeorg.

„Papperlapapp!

Ein Blättchen mehr haben die. Sonst gar nichts.
Vierblättrige sind nur Angeber!“

„Schluss mit dem Streit!“,

forderte jetzt Kleerika,
die Älteste auf dem Feld.

**„Wir werden gleich sehen,
wer von euch recht hat.“**

Und schon duckte sie sich
so tief, wie sich ein Kleeblatt
beim Anblick einer Kuh
nur ducken kann.

Und alle anderen vierhundertfünfzig Kleeblätter auf der Wiese taten das Gleiche. Nein, nicht alle. Das Kleine, das gerade zur Welt gekommen war, duckte sich nicht. Es hatte ja auch noch nie etwas von einer Kuh gehört.

„Muh, muh-muh-muuuh!“,

muhte Liesel, die Kuh,
als sie das Kleine sah.

Was so viel heißt wie:

„Oh, wie schön, ein vierblättriges Kleeblatt!“

Sie bückte sich zu ihm hinab …

0235802

... streichelte es sanft mit ihrer rauen Zunge und fraß –
das dicke, fette dreiblättrige Kleeblatt direkt neben ihm.

Danach trabte sie gemächlich und sehr glücklich weiter.

„Juhu, wir leben noch!“,

rief Kleeopatra.

„Siehst du, Kleeberhard, man muss nur ans Glück glauben, schon wird alles gut.“

„Kleeberhard ... Kleeberhard?!
Wo steckst du denn, du dicker, alter Miesepeter?"